MEU CORPO PODE

MEU CORPO PODE

Katie Crenshaw e Ady Meschke

Ilustração de Li Liu

Tradução de
Alexandra Gurgel

1ª edição

Galerinha
Rio de Janeiro
2022

CIP-BRASIL. CATALOGAÇÃO NA PUBLICAÇÃO
SINDICATO NACIONAL DOS EDITORES DE LIVROS, RJ

C937m Crenshaw, Katie
        Meu corpo pode / Katie Crenshaw, Ady Meschke ; ilustração Li Liu ;
        tradução Alexandra Gurgel. - 1. ed. - Rio de Janeiro : Galerinha, 2022.

        Tradução de: Her body can
        ISBN 978-65-84840-00-3

        1. Literatura infantojuvenil. I. Meschke, Ady. II. Liu, Li. III. Gurgel, Alexandra.
        IV. Título.

22-77130   CDD: 808.899282
                                                    CDU: 82-93(81)

Gabriela Faray Ferreira Lopes - Bibliotecária - CRB-7/6643

Título original
Her body can

Texto revisado segundo o novo Acordo Ortográfico da Língua Portuguesa.

Direitos exclusivos de publicação em língua portuguesa somente para o Brasil adquiridos pela
EDITORA RECORD LTDA.
Rua Argentina, 120 – Rio de Janeiro, RJ – 20921-380 – Tel.: (21) 2585-2000,
que se reserva a propriedade literária desta tradução.

Impresso no Brasil

ISBN 978-65-84840-00-3

Seja um leitor preferencial Record.
Cadastre-se e receba informações sobre nossos
lançamentos e nossas promoções.

Atendimento e venda direta ao leitor:
sac@record.com.br

Caro(a) leitor(a),

Acreditamos, no fundo de nossas almas, que todos os corpos são inerentemente bons, capazes e milagrosos. Como meninas que se tornaram mulheres, estamos muito familiarizadas com os limites que a sociedade tenta estabelecer para nós e como nossa cultura espera que uma garota se pareça, aja e seja.

Queremos encorajar meninas de 1 a 101 anos de idade que seu corpo *pode*.

A tarefa mais importante do seu corpo é carregá-lo – um ser humano insubstituível – pela jornada de sua vida. À medida que você cresce e experimenta a vida, é importante que ame seu corpo e a si mesma com a totalidade do seu coração.

A aparência do seu corpo é irrelevante.

Quando você se conecta ao seu eu interior e se concentra no que você *pode fazer*, amar incondicionalmente e honrar seu corpo se torna um dos pontos centrais da vida.

Sempre trate seu corpo como se estivesse abraçando sua criança interior, uma criança que é digna de respeito e adoração, independente de qualquer coisa. Sempre que você sentir que os outros podem estar lhe dizendo o contrário, lembre-se: Você é incrível e seu corpo também.

Meu corpo pode sorrir, franzir, descansar ou se apressar!

Meu corpo é mais do que cérebro, ossos e massa muscular.

Meu corpo pode vestir qualquer cor ou roupa,
e até mesmo se fantasiar.

No palco, na escola, aonde quer que eu vá.

Meu corpo pode brincar
com amigos de todos os tamanhos.

O formato das minhas coxas
não determina como nos amamos.

Meu corpo pode comer couve e bolo de amora.
Hmm, que delícia!
A comida é o meu combustível
e minha barriguinha adora.

Meu corpo pode correr,

pular, girar e dançar.

Meu corpo não tem medo de praticar.

Meu corpo pode fazer compras nas minhas lojas favoritas.

E eu posso escolher como quero me vestir a cada dia.

Meu corpo pode nadar e mergulhar na piscina.

De biquíni ou de maiô,
ele pode sempre se refrescar no calor.

Meu corpo pode posar
para foto – Diga Xis!

Eu vou adorar me lembrar desses momentos divertidos.

Meu corpo é LINDO:
forte, gentil e sábio.

Todos os corpos são dignos de amor,
mesmo que digam o contrário.

Meu corpo pode sonhar
com os lugares que
ainda vai conhecer...

De Paris a Londres - ou Tóquio talvez!

Meu corpo sabe que algumas palavras
que as pessoas escolhem usar...

não podem me afetar, me mudar,

nem me magoar.

Meu corpo pode se olhar no espelho e perceber...

que ele é perfeito do jeitinho que se vê.

Meu corpo pode
descer, subir
e se esticar.

E tudo que o meu
corpo pode fazer,
meu amorzinho,
o seu pode também.
Basta acreditar.

Este livro é dedicado a minha querida Charlie Katherine: que você saiba que o seu valor não pode ser medido por um padrão ou um tamanho de vestido. E para a minha criança interior, que se beneficiaria muito com este livro em sua mesa de cabeceira enquanto crescia.
K.C.

Ao meu solidário marido, Michael Meschke, que me mostrou amor incondicional a cada forma minha, acima de tudo. E para o meu eu mais jovem, e todas as garotas que pensam que não são suficientes por causa de sua aparência. Você é muito mais do que suficiente!
A.M.